Juegos
alrededor del mundo

Casey Null Petersen

Asesor

Timothy Rasinski, Ph.D.
Kent State University

Créditos

Dona Herweck Rice, *Gerente de redacción*

Lee Aucoin, *Directora creativa*

Robin Erickson, *Diseñadora*

Conni Medina, M.A.Ed., *Directora editorial*

Stephanie Reid, *Editora de fotos*

Rachelle Cracchiolo, M.S.Ed., *Editora comercial*

Basado en los escritos de *TIME For Kids*.

TIME For Kids y el logotipo de *TIME For Kids* son marcas registradas de TIME Inc.
Usado bajo licencia.

Teacher Created Materials

5301 Oceanus Drive
Huntington Beach, CA 92649-1030
http://www.tcmpub.com

ISBN 978-1-4333-4468-8

Tabla de contenido

Un mundo de juegos

▲ niños jugando a la mancha

En todo el mundo, la gente se divierte con juegos pasados de generación en generación. Otros han cruzado océanos y continentes. Es muy probable que en este momento un niño en un lugar lejano esté jugando tu juego preferido.

jóvenes jugadores ➤
de golf

▲ niños jugando a tirar la cuerda

No importa quién seas. Hay un juego que puedes
disfrutar. ¡Ven y juega!

5

Juegos con canciones y cantilenas

El juego del puente de Londres viene de Inglaterra. Dos niños forman un puente con los brazos. Ellos son los guardianes del puente. Todos cantan "El puente de Londres" mientras los demás jugadores intentan pasar por debajo del puente antes de que caiga cuando termine la canción. Cuando un jugador queda atrapado, se coloca detrás de uno de los guardianes del puente. Después de que todos han sido atrapados, los dos equipos juegan a tirar de la cuerda. En Alemania, se conoce como "El puente dorado." En Francia, los niños juegan otra versión.

Para jugar este juego, los niños se toman de las manos para formar un puente, como el puente de Londres.

¿Lo sabías?

El juego del puente de Londres también se juega en Latinoamérica, donde se conoce como "La víbora de la mar." La letra de la canción varía de un país a otro. Aquí se muestra una de las versiones:

*A la víbora, víbora
de la mar, de la mar
por aquí pueden pasar
Los de adelante corren mucho
y los de atrás se quedarán
tras, tras, tras.*

▲ el puente de Londres

En Grecia, los niños juegan Ringel Ringel. Se parece mucho al de **Ring Around the Rosie**, uno de los primeros juegos que los niños aprenden en los Estados Unidos. De hecho, en casi todos los países del mundo los niños juegan alguna versión de este juego.

Juegos de griegos

Esta es la letra de "Ringel Ringel" en español. Cuando los niños llegan a la parte "¡shh, shh, shh!" todos se agachan.

Ringel, Ringel, ringo
Mira los tres niños
Sentados con la lila
Todos juntos, ¡shh, shh, shh!

No se sabe con certeza de dónde viene el nombre de "Ring Around the Rosie." Algunas personas creen que *rosie* proviene de la palabra francesa *rosier*, que significa rosal.

▼ una pintura de niños jugando Ringel Ringel

▲ un rosal

▲ Los niños saltan la cuerda en muchos países.

En todo el mundo, los niños saltan la cuerda.
Muchas veces, el movimiento de la cuerda es
acompañado por canciones. En América del Sur, los
niños juegan **Reloj**. Para jugar, dos niños giran la cuerda.
El primer saltador pasa sin ser tocado por la cuerda. Los
jugadores cuentan, "¡Cero!" El siguiente jugador entra,
salta la cuerda una vez y sale, mientras todos cuentan,
"¡Uno!" En el siguiente turno hay que saltar dos veces,
etcétera, hasta que la cuerda toque a un jugador.

En Ucrania, los niños toman turnos, haciendo saltos cada vez más complicados, hasta que alguien queda atrapado por la cuerda.

En los Estados Unidos juegan **Red Rover**. Se canta "Red Rover, Red Rover, que venga (nombre)." El jugador al que llaman corre para romper la cadena formada por los brazos de los jugadores del equipo contrario. Si lo logra, el jugador selecciona a alguien del otro equipo para que forme parte del suyo. Si no rompe la cadena, el jugador debe unirse al equipo contrario. En Rusia, el juego se llama Pionero.

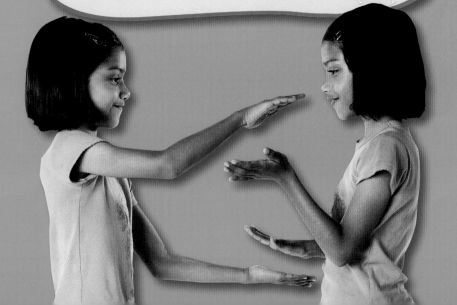

¡Palmaditas!

Estamos seguros de que los juegos de palmaditas se remontan a un pasado muy lejano. Por lo general, los juegos de palmaditas se juegan entre dos personas, que cantan al ritmo de las palmadas.

Juegos de correr y saltar

▲ saltar al burro

la rayuela ➤

La **rayuela** (también conocida como pata coja o avioncito) se ha jugado durante miles de años. En África del Sur, los niños la juegan sobre rectángulos trazados en la tierra. Saltan sobre un pie, colocan una piedra en uno de los rectángulos y patean la piedra con el mismo pie.

A la una mi mula es un juego cubano, que también se conoce como **saltar el burro**. El "burro" es un jugador que se agacha para que los demás salten sobre él. Mientras los niños saltan, dicen y hacen cosas diferentes. Niños alrededor del mundo juegan este juego de maneras diferentes.

Jugando al burro en los Estados Unidos

Hay muchas maneras de jugar al burro y aquí se muestra una de ellas. Al llegar al final, todos corren y el "burro" intenta atraparlos.

A la una, anda la mula.
A las dos, tira la coz.
A las tres, tira otra vez.
A las cuatro, pega un salto.
A las cinco, pega un brinco.
A las seis, salta como veis.
A las siete, salta pronto y vete.
A las ocho, toma un bizcocho.
A las nueve, nadie se mueve.
A las diez, ¡salta otra vez!

¿Lo sabías?

En Brasil, el juego de ponerle la cola al burro se juega con un conejo. En Dinamarca, los niños le ponen la cola a un cerdo.

¿Te gusta jugar a la mancha o a lo que en inglés se llama "tag"? Un juego divertido en Brasil es **Maullido de gato**. A un niño le vendan los ojos mientras los otros se **dispersan**. Cuando el niño vendado encuentra a alguien, le exige un "maullido de gato." El jugador maúlla y el niño vendado intenta adivinar quién es.

Hay muchos tipos de juegos de relevos.
Este es un relevo en el que corren.

Cargar canastas es un juego de **relevos** que juegan en África y Asia. Los jugadores ponen pequeñas cestas sobre sus cabezas y corren a la línea de meta. Si a un jugador se le cae la cesta o la toca con las manos, debe volver al punto de partida.

Juegos con esto y aquello

El **chaquete** (backgammon) y las **damas** son juegos populares en casi todas partes. En el **antiguo** Egipto y Grecia se jugaban juegos similares. El **ajedrez** parece haber tenido sus orígenes en Irán, de donde se extendió al resto del mundo.

niños jugando a las ➤
damas en México

Lanzamiento de monedas

¿Alguna vez has lanzado una moneda a cara o cruz? Lanzamonedas es un juego africano. Sin embargo, se usan pequeñas piedras redondas. De un lado están brillantes y del otro lado están opacas.

▲ niños mongoles jugando
las matatenas

¿Lo sabías?

Las matatenas antes eran de hueso.
La canción infantil inglesa "This Old Man"
(Este viejo) proviene del juego de tabas, y
menciona echarle un hueso a un perro.

▼ matatenas americanas

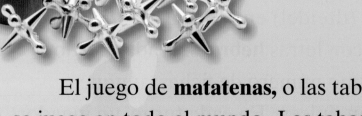

El juego de **matatenas,** o las tabas, es muy antiguo y se juega en todo el mundo. Las tabas antes se utilizaban para adivinar el futuro. Ahora, los niños juegan a levantarlas mientras lanzan una pequeña pelota.

Los niños de Israel y de otras partes del mundo juegan a la **perinola** (dreidel) en **Jánuca**. La perinola es un trompo especial con letras **hebreas**. Cada jugador comienza con el mismo número de fichas, aunque muchas veces se usan dulces. En cada turno, un jugador hace girar la perinola. La letra le indica al jugador lo que debe hacer con sus fichas.

Yoyo

Se piensa que el yoyo, que es una clase de trompo suspendido de un hilo, es tal vez el segundo juguete más antiguo. El más antiguo probablemente es la muñeca.

¿Lo sabías?

El yoyo más grande del mundo fue construido en el 2010. ¡Mide más de 11 pies de altura!

Trompos

Nadie sabe cuándo se usaron los primeros trompos. La perinola ha existido durante más de 2,000 años. Desde hace muchos siglos han jugado con trompos en China.

un niño jugando con ➤ un trompo de madera

Los egipcios de la antigüedad fueron los primeros en jugar a las **canicas**, que se hacían de arcilla. Los niños italianos fueron los primeros en jugar con canicas de vidrio. Para jugar, se **lanza** una canica a un círculo donde hay varias canicas. El objetivo es golpearlas y sacarlas del círculo.

Las **cunitas** (también llamado juego de hilos) tal vez haya sido inventado por los indígenas americanos. Para jugar, uno o más jugadores van pasando un hilo (con las puntas atadas para formar un círculo) por los dedos y las muñecas para crear figuras y diseños. En ocasiones, los diseños cuentan una historia.

¿Lo sabías?

El juego de palillos chinos se llama Spellicans en Gran Bretaña, Spilikins en Canadá y Jackstraws o Pick Up Sticks en los Estados Unidos.

Algunas personas creen que el juego de **palillos chinos** se inventó en China y que de allí proviene su nombre. Se dejan caer varios palillos delgados, de distintos colores, para formar un montón. Cada palillo tiene diferente **valor**. Los jugadores deben levantar un palillo a la vez sin tocar ni mover los demás. ¡Es difícil!

El juego más antiguo

Se cree que el juego más antiguo del mundo es el mancala, un juego africano con piedras. Este juego lo han jugado desde pastores hasta reyes en África, Asia, Medio Oriente, las Indias, las Filipinas e incluso América del Sur. El nombre "mancala" proviene de una palabra árabe que significa "mover."

En el mapa

¿Puedes encontrar todos los lugares y juegos en este libro? ¡Mira!

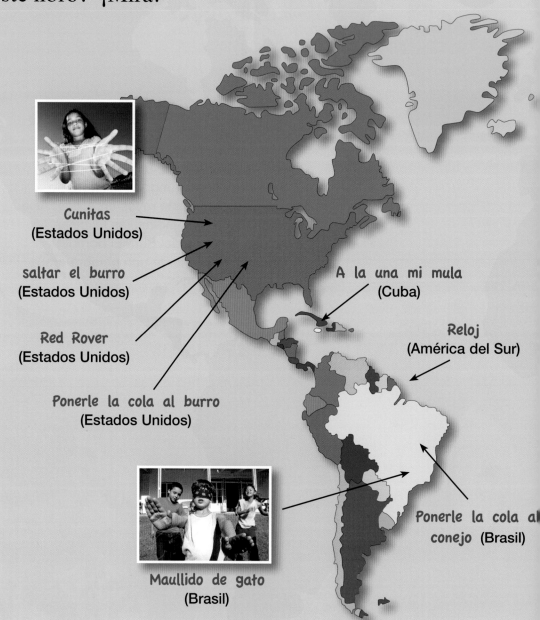

Cunitas
(Estados Unidos)

saltar el burro
(Estados Unidos)

Red Rover
(Estados Unidos)

Ponerle la cola al burro
(Estados Unidos)

A la una mi mula
(Cuba)

Reloj
(América del Sur)

Ponerle la cola al
conejo (Brasil)

Maullido de gato
(Brasil)

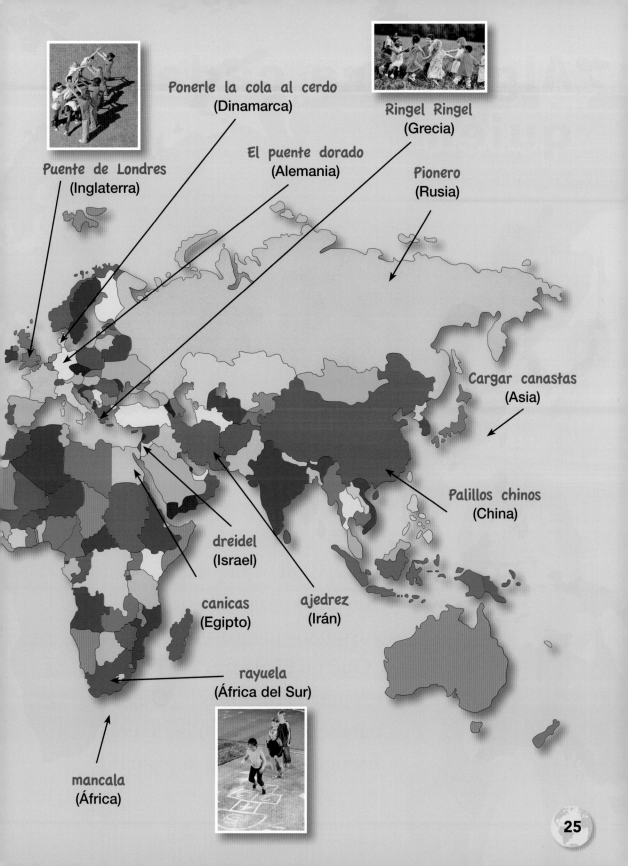

Puente de Londres
(Inglaterra)

Ponerle la cola al cerdo
(Dinamarca)

El puente dorado
(Alemania)

Ringel Ringel
(Grecia)

Pionero
(Rusia)

Cargar canastas
(Asia)

Palillos chinos
(China)

dreidel
(Israel)

canicas
(Egipto)

ajedrez
(Irán)

rayuela
(África del Sur)

mancala
(África)

Algo para cada quién

¿Cuál es tu juego favorito? Hay algo para cada quién. ¿Te gustan los juegos silenciosos? ¿Qué tal el ajedrez? ¿Te gustan los juegos ruidosos? ¿Qué te parece la mancha o la rayuela? Escoge un juego y, ¡a jugar!

Glosario

A la una mi mula—juego en el que los niños saltan sobre las espaldas de otros niños

ajedrez—juego de estrategia; dos jugadores tratan de capturar al "rey" del otro

antiguo—muy, muy viejo; perteneciente al pasado lejano

canicas—juego en el que los jugadores lanzan una pelota grande a unas pelotas más pequeñas

cargar canastas—juego en el que los niños corren a la meta mientras balancean unas canastas en sus cabezas

chaquete—(backgammon) juego para dos personas en el que se utilizan fichas sobre un tablero

cunitas—juego de dos personas en que se crean rompecabezas entre ellos con un largo pedazo de cuerda

damas—juego de mesa en que dos jugadores tratan de ganar las piezas del otro

dispersar—separarse y moverse en distintas direcciones

hebreo—lenguaje de los judíos

Jánuca—también se conoce como Fiesta de las Luminarias; festividad de ocho días en diciembre, en la que los judíos celebran el templo de Jerusalén

lanzar—arrojar algo con un movimiento rápido

matatenas—juego en el que los jugadores rebotan una pelota pequeña y tratan de recoger las matatenas con la misma mano mientras la pelota está en el aire

Maullido de gato—juego en el que un niño vendado de los ojos trata de encontrar a los otros jugadores

Palillos chinos—juego en que los jugadores tratan de jalar un solo palito de un manojo de palitos sin tocarlos o mover los demás palitos

perinola—(dreidel) un trompo especial con letras hebreas

rayuela—juego de contar; los jugadores saltan en los números trazados en el piso

Red Rover—juego de dos equipos en que los jugadores tratan de romper la cadena formada por los brazos del equipo opuesto

relevo—pasar de uno a otro

Reloj—juego de América del Sur en el que los jugadores saltan la cuerda

Ring Around the Rosie—juego en que los niños se toman de las manos y giran en un círculo

saltar el burro—juego en el que los niños saltan sobre las espaldas de otros niños

valor—lo que vale algo

Índice